Para

To_____

_____

_____

_____

_____

_____

_____

_____

_____

_____

De

From MARICELA R. LOAEZA

Y

And_____

_____

PECECITO

COLORÉAME

LITTLE FISH

COLOR ME

MARICELA R. LOAEZA

———————————————————————

ISBN-13: 978-1500587024
ISBN-10: 1500587028

Ediciones **Loaeza**

INSTRUCCIONES

Niños y niñas, si lo desean, terminen los dibujos y coloréenlos a su gusto. Por favor recuerden que el leer diariamente les ayudará a acumular un tesoro de palabras, en su vocabulario y a tener buenas calificaciones en la escuela.

INSTRUCTIONS

Boys and girls, if you would like to, finish these drawings and color them to your liking. Please, remember that reading daily will help you accumulate a treasure of words in your vocabulary and have good grades in school.

AGRADECIMIENTOS

Doy las gracias al Dios Todopoderoso: quien me dota de inspiración para escribir estas obras literarias. A mi esposo Juan Santana, quien siempre me da el apoyo emocional y monetario para hacer mis sueños realidad. A mis cinco hijos Albert, Victor, Cesar, Ariana y a mi primogénito ausente. Gracias hijos por inspirarme este poema en el año 2000 y ayudarme a corregir este libro en inglés y muchas gracias a todos los niños que me dieron sus comentarios.

ACKNOWLEDGMENTS

Thank you God, who gives me the inspiration to write these literary works. My husband Juan Santana, who supports me in my efforts to make my dreams a reality. My five children Albert, Victor, Cesar, Ariana and to my first-born missing son. Thanks children for inspiring this poem in the year 2000 and for helping me edit this book in English, and thank you to all of the children who gave me their reviews.

SINOPSIS

Albert Yair Santana
Bachelor of Arts, Pholosophy

Pececito Coloréame es un libro educativo e infantil para niños de tercer a sexto grado. Solecito, el pececito deambula solo por el mar y descubre que su hábitat ha sido convertido en un basurero para los humanos. Mientras él está absorto en sus pensamientos se le acerca un niño de nombre Al. Los dos toman parte en un diálogo que toca temas sobre la conservación del medio ambiente y da a la humanidad el reto de salvar al planeta.

SYNOPSIS

Albert Yair Santana
Bachelor of Arts, Pholosophy

Little Fish Color Me is an educational children's coloring book aimed at 3rd through 6th graders. Solecito the little fish wanders the ocean only to discover his habitat has been turned into a dumping ground for humans. As he is wrapped up in his thoughts he is approached by a young child named Al. The two engage in a dialogue that touches on themes of environmental conservationism that tasks humanity with the hopeful goal of saving the planet.

PECECITO

—Oye pececito,
dime con tus ojos:
¿En los mares,
hay derechos por iguales
para todos los animales?

—————————————————————

LITTLE FISH

Listen little fish,
tell me with your eyes.
Do all the creatures
have equal rights
in the depths of the sea?

—¡¿Es verdad,
los errores de esta vida
se pagan con la muerte,
o reina el más fuerte
y es la suerte un callejón sin salida
que no deja alternativa?!

———————————————————

Is it true
that the price of our errors
is death and only
the strongest one prevails,
or is fate a dead-end road
that offers no alternative?!

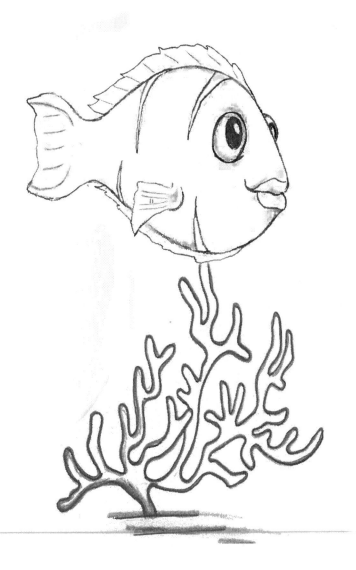

—!Dime pececito!:
¿Por qué estás solo
y no quieres conversar?
Si voy contigo,
me convierto en tu amigo
y vamos juntos a nadar.

————————————————————————

Tell me little fish:
Why are you so alone
and do not want to talk?
If I go with you,
I will be your friend
and we can swim together.

Me vieron sus ojos
y llorando despacio,
molesto dijo;
con voz fuerte su pensar:

— — — — — — — — — — — — — —

His eyes looked at me
upset and slowly crying
he strongly replied:

—"Los humanos de la tierra
inventándose la guerra,
nuestro mundo en un instante
lo van a terminar".
Y viéndome de nuevo a los ojos
Solecito, el pececito
empezó a llorar.

———————————————————————

"Human beings
are always waging war.
In just an instant
they will wipe out our world,"
he replied,
while gazing in my eyes.
Solecito, the little fish
then began to weep.

—No estés triste pececito.
Yo hablaré con los niños;
ya verás que todos unidos,
algo hemos de arreglar.

———————————————————

Don't be sad little fish.
I will talk to the children
and working together
an answer we will find.

—"Nos tiran las basuras,
los desechos van al mar
y todo es una locura
cuando intentamos nadar".

— — — — — — — — — — — — — — —

"They throw their trash
into our ocean
and it is chaos
when we try to swim."

—"Mi madre y mi padre
tienen un mal que no se cura
y no te ofendas:
es por el hombre en la tierra".

———————————————————————

"My mother and my father
have an incurable disease
and I mean no offense:
it's all because of man."

—"Tal vez, Al, no te agrade oír
esto que te voy a decir
pero mamíferos, peces y aves
se están por extinguir;
como la ballena azul
la tortuga verde, el pez payaso,
e incluso las abejas
que si ellas se mueren
después ni tú ni yo podremos vivir".

——— —— —— —— —— —— —— —— ——

"Al, you may not like to hear
what I will tell you,
but the mammals,
the fish, and the birds
are in danger of extinction
like the blue whale, the green turtle,
the clown fish, even the bees,
and if they perish, you and I
will also die."

—¿Dime pececito,
qué puedo hacer por ti?
Tú no estás solo,
como lo puedes ver:

—————————————————————————

Tell me little fish...
what can I do for you?!
You're not alone,
as you can see.

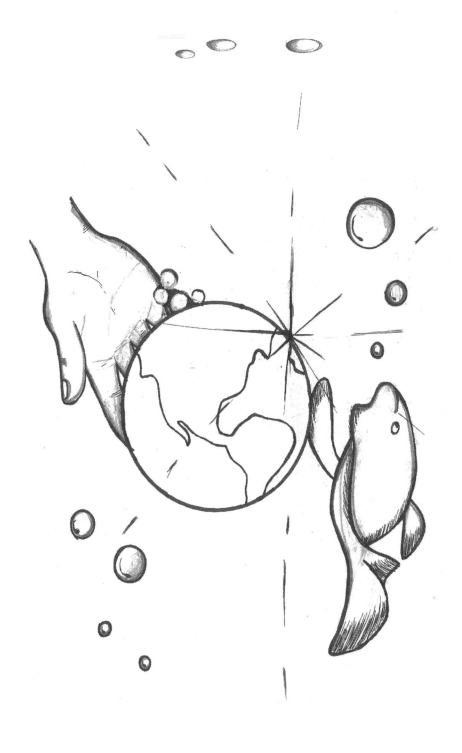

—Dios y yo estamos contigo,
somos tus fieles amigos,
si lo acabas de entender.

—Lucharemos juntos por conservar
cielo, tierra, viento y mar
y de nuevo volveremos a empezar.

———————————————————

God and I are with you,
we are your faithful friends
if only you'd believe it.

We'll fight together
to defend the sky, the earth,
the winds and seas,
and we'll begin anew.

—Pediremos a los niños
que empiecen a reciclar,
grandes y pequeños
todos vamos a cooperar...

————————————————————

We'll ask the children
to recycle,
the old and young,
we'll all share in the task...

—Formaremos un planeta,
un ambiente celestial
donde la gente esté dispuesta
siempre a cooperar
y la idea principal
sea el podernos todos ayudar.

—————————————————————————

We'll make the planet
into a heavenly place
where people gladly
will work together
because the idea is
to help each other.

—Ahora, dime pececito:
¿Hay en el mar un rinconcito
donde haya un manantial
de derechos por igual?

————————————————————————————————

Now, tell me little fish:
is there a spring
of equal rights
in the depths of the sea?

Niños hagan sus propias preguntas, analícenlas junto con las del libro y escriban las respuestas.

————————————————

Children make your own questions, analyze them together with the book and write the answers.

- ¿Cuál es el mensaje del libro?
- What is the message of this book?

_____

_____

_____

- ¿Qué aprendiste del libro?
- What did you learn from the book?

_____

_____

_____

- ¿Por qué el pececito se quedó sorprendido por la pregunta que le hizo el niño al final del poema?
- At the end of the poem, why was the little fish surprised by the child's question?

_____

_____

_____

- Cómo te gustaría ayudar a mejorar el medio ambiente del mar o todo el planeta?
- How would you help the environment of the ocean or the entire planet?

_____

_____

_____

- ¿Qué animales del mar podrían estar o están en extinción?
- What animals could be or are going extinct?

_____

_____

_____

- ¿Por qué es importante reciclar?
- Why is it important to recycle?

_____

_____

_____

- ¿Cómo planeas reciclar?
- How do you plan to recycle?

_____

_____

_____

- ¿Qué materiales son dañinos para la supervivencia de los animales del mar?
- What materials are harmful to ocean animals?

_____

_____

_____

_____

_____

_____

_____

_____

_____

Niños y niñas, si lo desean, dibujen su propio pececito y otros animales del mar.

―――――――――――――

Boys and girls, if you desire, draw yours own little fish and other animals of the ocean.

PECECITO

—Oye pececito,
dime con tus ojos:
¿En los mares,
hay derechos por iguales
para todos los animales?

—¡¿Es verdad,
los errores de esta vida
se pagan con la muerte,
o reina el más fuerte
y es la suerte un callejón sin salida
que no deja alternativa?!

—!Dime pececito!:
¿Por qué estás solo
y no quieres conversar?
Si voy contigo,
me convierto en tu amigo
y vamos juntos a nadar.

Me vieron sus ojos
y llorando despacio,
molesto dijo;
con voz fuerte su pensar:

— "Los humanos de la tierra
inventándose la guerra,
nuestro mundo en un instante
lo van a terminar".
Y viéndome de nuevo a los ojos
Solecito, el pececito
empezó a llorar.

—No estés triste pececito.
Yo hablaré con los niños;
ya verás que todos unidos,
algo hemos de arreglar.

"Nos tiran las basuras,
los desechos van al mar;
todo es una locura
cuando intentamos nadar".

— "Mi madre y mi padre
tienen un mal que no se cura
y no te ofendas:
es por el hombre en la tierra".

—"Tal vez Al, no te agrade oír
esto que te voy a decir
pero mamíferos, peces y aves
se están por extinguir;
como la ballena azul
la tortuga verde, el pez payaso,
e incluso las abejas
que si ellas se mueren
después ni tú ni yo podremos vivir".

—¿Dime pececito,
qué puedo hacer por ti?
Tú no estás solo,
como lo puedes ver:

—Dios y yo estamos contigo,
somos tus fieles amigos,
si lo acabas de entender.

—Lucharemos juntos por conservar
cielo, tierra, viento y mar
y de nuevo volveremos a empezar.

—Pediremos a los niños
Que empiecen a reciclar,
grandes y pequeños
todos vamos a cooperar...

—Formaremos un planeta,
un ambiente celestial
donde la gente esté dispuesta
siempre a cooperar
y la idea principal
sea el podernos todos ayudar.

—Ahora, dime, pececito:
¿Hay en el mar un rinconcito
donde haya un manantial
de derechos por igual?

LITTLE FISH

Listen little fish,
tell me with your eyes.
Do all the creatures
have equal rights
in the depths of the sea?

Is it true
that the price of our errors
is death and only
the strongest one prevails,
or is fate a dead-end road
that offers no alternative?!

Tell me little fish:
Why are you so alone
and do not want to talk?
If I go with you,
I will be your friend
and we can swim together.

His eyes looked at me
upset and slowly crying
he strongly replied:

"Human beings
are always waging war.
In just an instant
they will wipe out our world,"
he replied,
while gazing in my eyes.
And Solecito, the little fish
then began to weep.

Don't be sad little fish.
I will talk to the children
and working together
an answer we will find.

"They throw their trash
into our ocean
and it is chaos
when we try to swim."

"My mother and my father
have an incurable disease
and I mean no offense:
it's all because of man."

"Al, you may not like to hear
what I will tell you,
but the mammals,
the fish, and the birds
are in danger of extinction
like the blue whale, the green turtle,
the clown fish, even the bees,
and if they perish, you and I
will also die."

Tell me little fish...
what can I do for you?
You're not alone
As you can see.

God and I are with you,
we are your faithful friends
if only you'd believe it.

We'll fight together
to defend the sky, the earth,
the winds and seas,
and we'll begin anew.

We'll ask the children
to recycle,
the old and young,
we'll all share in the task...

We'll make the planet
into a heavenly place
where people gladly
will work together
because the idea is
to help each other.

Now, tell me little fish:
is there a spring
of equal rights
in the depths of the sea?

COMENTARIOS

Le doy 10 puntos de 10 porque este libro nos enseña cómo tenemos que cuidar nuestro mundo. Me gustaría ayudar para hacer nuestro mundo un lugar mejor.

Adrián Jiménez 4to grado

———————————————

Realmente disfruté leer el libro *Pececito Coloréame* porque fue el primer libro que tuve y lo puedo leer y colorear en colores hermosos. También, me gustó porque era un poema.

Nicole Patrick 6th grado

Pienso que el libro de Maricela R. Loaeza Pececito Coloréame es importante porque habla sobre cómo necesitamos los humanos cuidar el medio ambiente. También, es preciso parar de desechar nuestra basura en el océano porque estamos dañando a varios animales del mar. En concreto, si no tuviéramos los peces con nosotros, no le estaríamos haciendo un bien a nuestra vida. Es por eso que le doy al libro 5 puntos de 5.

Max Lalli 4to grado

_____

Le doy al libro 10 puntos de 10 porque nos enseña que no deberíamos tirar la basura al océano porque daña a los peces. Si uno comiera esos peces nos enfermaríamos. También, tendríamos agua sucia y mucha polución, ensuciaríamos el aire y es por eso que pereceríamos todos. ¡Entonces, no quedaría nadie vivo en el planeta!

Devan preciado 4to grado

Made in the USA
Middletown, DE
24 August 2019